Das lerne ich in diesem Heft

Was stimmt? Schreibe den richtigen Buchstaben auf.

1

Ich lerne

- neue Buchstaben kennen. **P**
- Fußball spielen. **U**
- rechnen. **C**

2

Ich lerne

- turnen. **K**
- abschreiben. **R**
- schwimmen. **M**

3

Ich lerne

- kochen. **D**
- tauchen. **L**
- genau zu lesen. **I**

4

Ich lerne

- tanzen. **A**
- Rätsel lösen. **M**
- fliegen. **X**

5

Ich lerne

- Wörterlisten kennen. **A**
- Flöte spielen. **B**
- Zähne putzen. **D**

Das Lösungswort heißt:

1	2	3	4	5

1

X x

X

x

 Markiere in der Wörterliste alle Wörter mit X oder x.

Hexe

 Suche in der Wörterliste ein Musikinstrument mit X.

A	die	Axt
B	der	Boxer
C	der	Computer
D	das	Dach
E	der	Esel
F	der	Finger
G	die	Gabel
H	die	Hexe
I	der	Igel
J	der	Jaguar
K	der	Koffer
L	das	Lexikon
M	der	Mixer
N	die	Nixe
O	der	Obelix
P	die	Puppe
Qu	die	Qualle
R	die	Rassel
S	die	Sonne
T	das	Taxi
U	der	Uhu
V	der	Vogel
W	die	Wanne
X	das	Xylophon
	die	X-Beine
Y	der	Yogi
Z	das	Zebra

2 X/x schreiben; Wörter zum Bild in der Wörterliste markieren, abschreiben, Silbenbögen eintragen. Wort in der Wörterliste suchen und schreiben.

X x

Die Hexe mit dem Besen hat einen roten Hut.

Die Hexe mit der Katze hat eine gelbe Jacke.

Die Hexe mit dem Radio hat grüne Haare.

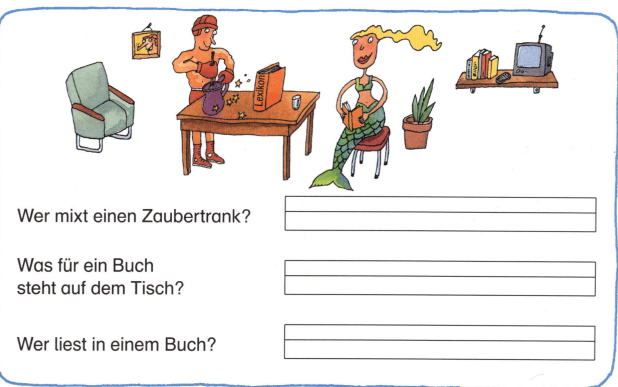

Wer mixt einen Zaubertrank?

Was für ein Buch steht auf dem Tisch?

Wer liest in einem Buch?

Für Expertinnen und Experten

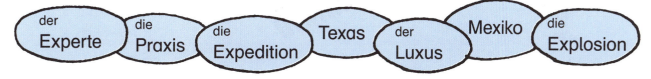

der Experte — die Praxis — die Expedition — Texas — der Luxus — Mexiko — die Explosion

- Suche dir ein Wort aus.
- Finde heraus, was es bedeutet. Schreibe dazu.

Schau genau!

Lösungswort: [ ] [ ] [ ] [ ]
              1   2   3   4

■ Was ist richtig? Kreuze an.

der **Tisch** ○
der **Fisch** ○

das **Ohr** ○
die **Uhr** ○

das **Haus** ○
die **Maus** ○

der **Hahn** ○
der **Zahn** ○

das **Lamm** ○
der **Kamm** ○

der **Turm** ○
der **Wurm** ○

4   Wörter eintragen, Lösungswort schreiben.
Zum Bild passenden Begriff ankreuzen.

Abschreibkurs

Diese Wörter finde ich schwierig:

Mein Abschreibtext:

Ich habe ☐ Wörter richtig geschrieben!

Das war …

sehr schwierig · schwierig · mittelleicht · leicht · superleicht

Schwierige Wörter aus dem Text aufschreiben; Text abschreiben und kontrollieren, Schwierigkeitsgrad einschätzen.

C c

C

c

  Markiere in der Wörterliste
alle Wörter mit C oder c.

Computer

  Suche in der Wörterliste
etwas zu trinken mit C.

A	die	Ampel
B	der	Bär
C	die	Cola
	der	Comic
	der	Computer
	die	Creme
D	der	Doktor
E	die	Erdbeere
F	der	Fisch
G	der	Gürtel
H	das	Heft
I	das	Instrument
J	der	Junge
K	der	Koffer
L	die	Lupe
M	die	Melone
N	die	Nudel
O	der	Opa
P	das	Popcorn
Qu	der	Quark
R	der	Roller
S	das	Salz
T	der	Tiger
U	die	U-Bahn
V	die	Vase
W	die	Wolke
X	das	Xylophon
Y	das	Yak
Z	der	Zoo

6   C/c schreiben; Wörter zum Bild in der Wörterliste markieren, abschreiben, Silbenbögen eintragen.
Wort in der Wörterliste suchen und schreiben.

C c

Der Ball vor dem Computer ist rot.

Die Maus auf dem Comic ist blau.

Die Maus auf dem Computer ist gelb.

Was trinkt Marc?

Was isst Conny?

Was liest Carla?

Für Expertinnen und Experten

die Couch   der Collie   die Cornflakes   der Clown   das Camping   der Cowboy   der Container

- Suche dir ein Wort aus.
- Finde heraus, was es bedeutet. Schreibe dazu.

Lesemalbild bearbeiten; Fragen zu einem Bild beantworten;
Differenzierung: Bedeutung eines „Expertenwortes" herausfinden, dazu schreiben.

Schau genau!

Lösungswort:

Was ist richtig? Kreuze an.

die Rose ○
die Dose ○
die Hose ○

die Wand ○
die Hand ○
der Sand ○

die Wanne ○
die Kanne ○
die Tanne ○

der Schaum ○
der Raum ○
der Baum ○

der See ○
der Tee ○
die Fee ○

die Watte ○
die Latte ○
die Ratte ○

Wörter eintragen, Lösungswort schreiben.
Zum Bild passenden Begriff ankreuzen.

Abschreibkurs

Diese Wörter finde ich schwierig:

Mein Abschreibtext:

Ich habe ☐ Wörter richtig geschrieben!

Das war …

sehr schwierig schwierig mittelleicht leicht superleicht

Schwierige Wörter aus dem Text aufschreiben; Text abschreiben und kontrollieren, Schwierigkeitsgrad einschätzen.

V v

V

V

 Markiere in der Wörterliste alle Wörter mit V oder v.

Vase

 Suche in der Wörterliste etwas zu essen mit v.

A	die	Avocado
B	der	Bus
C	der	Cent
D	der	Draht
E	der	Elfmeter
F	das	Foto
G	der	Garten
H	das	Heft
I	das	Iglu
J	der	Jaguar
K	das	Klavier
L	die	Laterne
M	die	Mütze
N	das	Nest
O	die	Olive
P	der	Pullover
Qu	der	Quirl
R	der	Ring
S	der	See
T	die	Tomate
U	das	Ungeheuer
V	der	Vampir
	die	Vase
	der	Vater
	der	Vogel
W	der	Wal
X	das	Xylophon
Y	der	Yogi
Z	die	Zunge

V v

Die Blumen in der Vase sind rot.

Der Vogel im Käfig ist gelb.

Auf der Pizza sind vier grüne Oliven.

Was sitzt auf der Lampe?

Was steht an der Wand?

Was liegt auf dem Sofa?

Für Expertinnen und Experten

die Veranda — der Vulkan — die Lava — der Nerv — die Kurve — die Villa — das Veilchen — der Vorteil

- Suche dir ein Wort aus.
- Finde heraus, was es bedeutet. Schreibe dazu.

Lesemalbild bearbeiten; Fragen zu einem Bild beantworten;
Differenzierung: Bedeutung eines „Expertenwortes" herausfinden, dazu schreiben.

Schau genau!

Lösungswort:

Wörterliste Seite 10!

☐ Was ist richtig? Kreuze an.

der Mond ○
der Mund ○

die Hand ○
der Hund ○

die Nadel ○
die Nudel ○

die Zunge ○
die Zange ○

der Giebel ○
die Gabel ○

der Hase ○
die Hose ○

12 Wörter eintragen, Lösungswort schreiben.
Zum Bild passenden Begriff ankreuzen.

Abschreibkurs

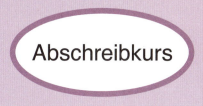

Diese Wörter finde ich schwierig:

Mein Abschreibtext:

Ich habe ☐ Wörter richtig geschrieben!

Das war …

sehr schwierig   schwierig   mittelleicht   leicht   superleicht

Schwierige Wörter aus dem Text aufschreiben; Text abschreiben und kontrollieren, Schwierigkeitsgrad einschätzen.

Qu qu

Qu

qu

 Markiere in der Wörterliste alle Wörter mit Qu oder qu.

Qualle

 Suche in der Wörterliste ein Ratespiel mit Qu.

A	das	Aquarium
B	der	Ball
C	der	Clown
D	der	Drachen
E	der	Elefant
F	das	Fenster
G	die	Geige
H	die	Hose
I	die	Insel
J	das	Jo-Jo
K	der	Käse
L	das	Lineal
M	der	Mond
N	der	Nagel
O	die	Oma
P	der	Pilz
Qu	die	Qualle
	der	Quark
	das	Quartett
	das	Quiz
R	die	Rakete
S	der	Salat
T	die	Tasse
U	die	Uhr
V	der	Vampir
W	der	Würfel
X	die	X-Beine
Y	die	Yacht
Z	der	Zaun

14 Qu/qu schreiben; Wörter zum Bild in der Wörterliste markieren, abschreiben, Silbenbögen eintragen. Wort in der Wörterliste suchen und schreiben.

Qu qu

Die Fische im Aquarium sind grün und gelb.

Zwei Quallen sind rot.

Eine Qualle ist hellblau.

Was spielen die Kinder?

Was isst Oma?

Was ist auf dem Bild zu sehen?

Für Expertinnen und Experten

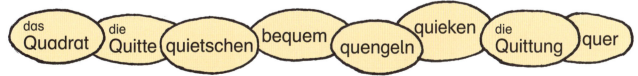

das Quadrat — die Quitte — quietschen — bequem — quengeln — quieken — die Quittung — quer

- Suche dir ein Wort aus.
- Finde heraus, was es bedeutet. Schreibe dazu.

Lesemalbild bearbeiten; Fragen zu einem Bild beantworten;
Differenzierung: Bedeutung eines „Expertenwortes" herausfinden, dazu schreiben.

Schau genau!

Lösungswort:

Was ist richtig? Kreuze an.

die Qualle ○
die Quelle ○

das Glas ○
das Gras ○

die Schaufel ○
die Schaukel ○

die Blume ○
die Bluse ○

das Schilf ○
das Schiff ○

die Nadel ○
der Nagel ○

16 Wörter eintragen, Lösungswort schreiben.
Zum Bild passenden Begriff ankreuzen.

Abschreibkurs

Diese Wörter finde ich schwierig:

Mein Abschreibtext:

Ich habe ☐ Wörter richtig geschrieben!

Das war …

sehr schwierig   schwierig   mittelleicht   leicht   superleicht

Schwierige Wörter aus dem Text aufschreiben; Text abschreiben und kontrollieren, Schwierigkeitsgrad einschätzen.

Y y

Y

y

Markiere in der Wörterliste alle Wörter mit Y oder y.

Yogi

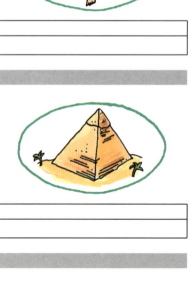

Suche in der Wörterliste ein Kuscheltier mit y.

A	der	Anker
B	das	Baby
C	die	Cola
D	der	Dynamo
E	die	Erde
F	die	Flasche
G	das	Glas
H	der	Hund
I	der	Igel
J	das	Judo
K	die	Katze
L	der	Löwe
M	der	Mund
N	die	Nuss
O	die	Orgel
P	die	Pyramide
Qu	die	Qualle
R	der	Riese
S	die	Suppe
T	der	Teddy
U	der	Urwald
V	die	Villa
W	die	Wolle
X	das	Xylophon
Y	die	Yacht
	das	Yak
	der	Yogi
Z	der	Zylinder

18 Y/y schreiben; Wörter zum Bild in der Wörterliste markieren, abschreiben, Silbenbögen eintragen. Wort in der Wörterliste suchen und schreiben.

Y y

Das Pony ist
in der Mitte braun.

Der Teddy hat
eine rote Hose an.

Das Baby hat
eine blaue Hose an.

Wen hat Mama auf dem Arm?

Wer schaut durch das Fenster?

Was liegt auf dem Tisch?

Für Expertinnen und Experten

die Yacht · die Pyramide · die Olympiade · der Python · die Gymnastik · das Handy · der Dynamo · die Hyäne

- Suche dir ein Wort aus.
- Finde heraus, was es bedeutet. Schreibe dazu.

Schau genau!

Lösungswort:

Was ist richtig? Kreuze an.

der Wal ○
der Wald ○

die Schüssel ○
der Schlüssel ○

das Bett ○
das Brett ○

20 Wörter eintragen, Lösungswort schreiben.
Zum Bild passenden Begriff ankreuzen.

Abschreibkurs

Diese Wörter finde ich schwierig:

Mein Abschreibtext:

Ich habe ☐ Wörter richtig geschrieben!

Das war …

sehr schwierig   schwierig   mittelleicht   leicht   superleicht

Schwierige Wörter aus dem Text aufschreiben; Text abschreiben und kontrollieren, Schwierigkeitsgrad einschätzen.

ß

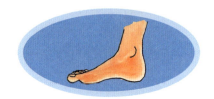

A	die	Ampel
B	die	Blume
C	der	Comic
D	die	Dose
E	die	Elfe
F	der	Fußball
G	die	Gießkanne
H	der	Hase
I	der	Indianer
J	der	Junge
K	das	Kino
L	der	Löffel
M	das	Messer
N	das	Nashorn
O	das	Ohr
P	der	Pinsel
Qu	der	Qualm
R	der	Reißverschluss
S	die	Soße
	die	Süßigkeiten
T	das	Tor
U	das	Ufo
V	der	Vulkan
W	die	Waage
X	das	Xylophon
Y	die	Yacht
Z	die	Zeitung

Es gibt kein Wort mit einem großen ß.

stimmt ☐   stimmt nicht ☐

ß

Markiere in der Wörterliste alle Wörter mit ß.

Fuß

Suche in der Wörterliste etwas zu essen mit ß.

22   ß schreiben; Wörter zum Bild in der Wörterliste markieren, abschreiben, Silbenbögen eintragen.
Wort in der Wörterliste suchen und schreiben.

ß

Der kleine Ball ist blau.

Der große Ball ist weiß und hat rote Punkte.

Das Fell der Katze ist schwarz und weiß.

Was gießt Mama über die Klöße?

Was liegt neben dem Sofa?

Was hat der Junge in der Hand?

Für Expertinnen und Experten

der Heißluftballon — der Großvater — der Urgroßvater — der Schweißbrenner — der Außerirdische

- Suche dir ein Wort aus.
- Finde heraus, was es bedeutet. Schreibe dazu.

Schau genau!

Lösungswort:

Was ist richtig? Kreuze an.

die Honigmelone ○
der Honigtopf ○

der Fußweg ○
der Fußball ○

der Erdbeerkuchen ○
das Erdbeereis ○

Abschreibkurs

Diese Wörter finde ich schwierig:

Mein Abschreibtext:

Ich habe ☐ Wörter richtig geschrieben!

Das war …

sehr schwierig   schwierig   mittelleicht   leicht   superleicht

Schwierige Wörter aus dem Text aufschreiben; Text abschreiben und kontrollieren, Schwierigkeitsgrad einschätzen.

Sp sp

Sp

sp

 Markiere in der Wörterliste alle Wörter mit Sp oder sp.

Spinne

 Suche in der Wörterliste etwas zum Gruseln mit sp.

A	der	Anspitzer
B	das	Buch
C	die	Cola
D	der	Drachen
E	die	Erdbeere
F	das	Flugzeug
G	das	Gespenst
H	die	Haarspange
I	das	Internet
J	die	Jacke
K	das	Krokodil
L	die	Laterne
M	die	Maschine
N	die	Nudel
O	der	Omnibus
P	der	Planet
Qu	der	Quark
R	das	Radio
S	der	See
Sp	die	Spagetti
	der	Spiegel
	die	Spinne
T	der	Teller
U	die	Uhr
V	die	Vase
W	der	Wind
X	das	Xylophon
Y	das	Yak
Z	die	Zange

26 Sp/sp schreiben; Wörter zum Bild in der Wörterliste markieren, abschreiben, Silbenbögen eintragen. Wort in der Wörterliste suchen und schreiben.

Sp sp

Der Spinat ist grün.

Die Spiegeleier sind in der Mitte gelb.

Die Speisekarte ist rot.

Was isst der Vampir?

Wer spielt mit dem Hund?

Was krabbelt über den Boden?

Für Expertinnen und Experten

der **Spagat** — der **Spaten** — die **Springmaus** — der **Sprudel** — **Spanien** — die **Spirale**

- Suche dir ein Wort aus.
- Finde heraus, was es bedeutet. Schreibe dazu.

Schau genau!

Lösungswort:

Was ist richtig? Kreuze an.

das Spielfeld ○	der Spiegelschrank ○	der Regenmantel ○
der Spielplatz ○	das Spiegelbild ○	der Regenschirm ○
das Spielzeug ○	die Spiegeleier ○	das Regenwasser ○

28 Wörter eintragen, Lösungswort schreiben.
Zum Bild passenden Begriff ankreuzen.

Abschreibkurs

Diese Wörter finde ich schwierig:

Mein Abschreibtext:

Ich habe ☐ Wörter richtig geschrieben!

Das war …

sehr schwierig · schwierig · mittelleicht · leicht · superleicht

Schwierige Wörter aus dem Text aufschreiben; Text abschreiben und kontrollieren, Schwierigkeitsgrad einschätzen.

Pf pf

Pf

pf

 Markiere in der Wörterliste alle Wörter mit Pf oder pf.

Pferd

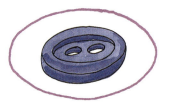

 Suche in der Wörterliste etwas zu essen mit pf.

A	der	Apfel
B	der	Besen
C	der	Computer
D	der	Dampf
E	der	Engel
F	die	Fledermaus
G	die	Giraffe
H	der	Hut
I	der	Igel
J	das	Jahr
K	der	Knopf
L	die	Lawine
M	die	Maus
N	das	Nilpferd
O	die	Oase
P	der	Pinguin
Pf	der	Pfau
	die	Pfanne
	der	Pfeil
	das	Pferd
Qu	die	Qualle
R	die	Raupe
S	die	Sonne
T	der	Topf
U	das	Ufo
V	der	Vater
W	der	Wald
X	das	Xylophon
Y	die	Yacht
Z	der	Zopf

30 Pf/pf schreiben; Wörter zum Bild in der Wörterliste markieren, abschreiben, Silbenbögen eintragen. Wort in der Wörterliste suchen und schreiben.

Pf pf

Die Pflaumen im Korb
sind blau.

Die Äpfel im Korb
sind rot.

Die Äpfel am Baum
sind grün.

Wie heißt das Tier neben
dem Baum?

Wie heißt das große Tier
im Wasser?

Wie heißt der Vogel?

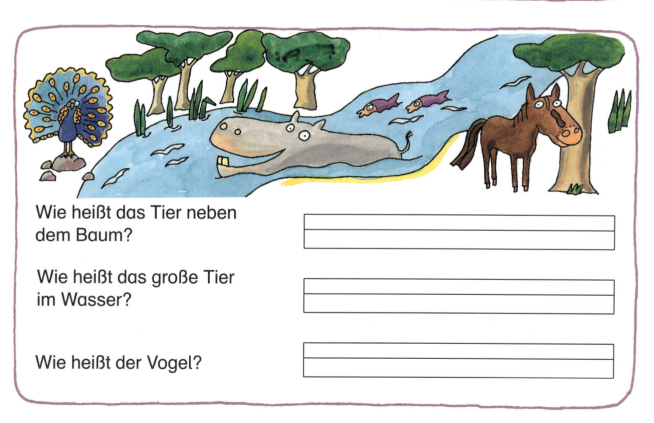

Für Expertinnen und Experten

der Karpfen   der Tannenzapfen   der Sumpf   das Pfund   der Grashüpfer

- Suche dir ein Wort aus.
- Finde heraus, was es bedeutet. Schreibe dazu.

Schau genau!

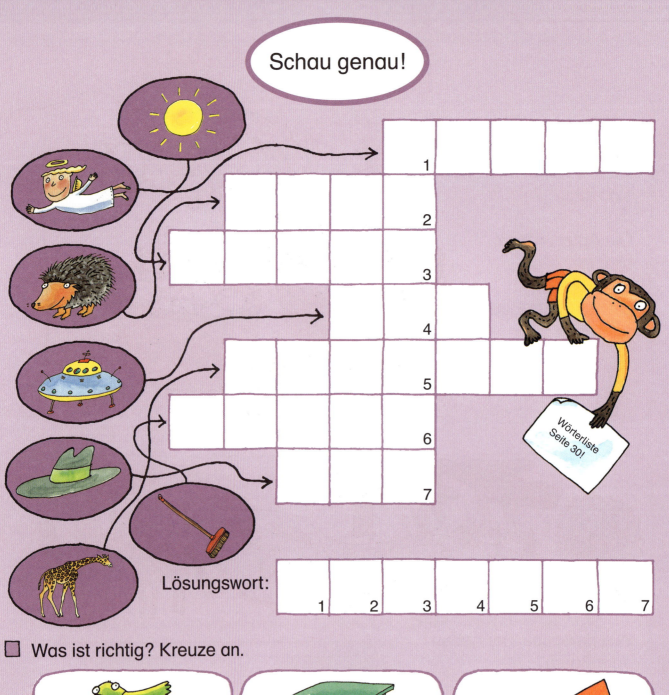

Lösungswort:

Was ist richtig? Kreuze an.

ein grüner Vogel ○
ein grauer Vogel ○

ein grüner Tisch ○
ein grüner Fisch ○

ein roter Pfeil ○
ein rotes Seil ○

ein blauer Knopf ○
ein schlauer Kopf ○

ein braunes Pferd ○
ein blaues Pferd ○

eine gelbe Pfanne ○
eine grüne Pfanne ○

Abschreibkurs

Diese Wörter finde ich schwierig:

Mein Abschreibtext:

Ich habe ☐ Wörter richtig geschrieben!

Das war …

sehr schwierig   schwierig   mittelleicht   leicht   superleicht

Schwierige Wörter aus dem Text aufschreiben; Text abschreiben und kontrollieren, Schwierigkeitsgrad einschätzen.

St st

St

st

 Markiere in der Wörterliste alle Wörter mit St oder st.

Stern

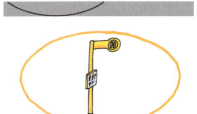

 Suche in der Wörterliste etwas zum Schreiben mit st.

A	die	Ameise
B	der	Bleistift
C	der	Clown
D	der	Dackel
E	die	Erde
F	das	Feuer
G	die	Glocke
H	die	Haltestelle
I	die	Insel
J	das	Jojo
K	die	Katze
L	die	Leiter
M	der	Mond
N	das	Nilpferd
O	der	Orkan
P	die	Palme
Qu	der	Quark
R	die	Rakete
S	der	Salat
St	der	Stern
	der	Stiefel
	die	Straße
	der	Stuhl
T	die	Treppe
U	die	U-Bahn
V	der	Vampir
W	das	Wasser
X	die	X-Beine
Y	die	Yacht
Z	die	Zwiebel

34 St/st schreiben; Wörter zum Bild in der Wörterliste markieren, abschreiben, Silbenbögen eintragen. Wort in der Wörterliste suchen und schreiben.

St st

Die Straße ist schwarz.

Die Steine im Wald sind grau.

Der Bus an der Haltestelle ist gelb.

Was steht neben dem Auto?

Was steht neben dem Bett?

Was ist am Himmel zu sehen?

Für Expertinnen und Experten

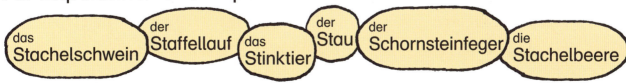

- Suche dir ein Wort aus.
- Finde heraus, was es bedeutet. Schreibe dazu.

Lesemalbild bearbeiten; Fragen zu einem Bild beantworten;
Differenzierung: Bedeutung eines „Expertenwortes" herausfinden, dazu schreiben.

Schau genau!

Lösungswort:

| 1 | 2 | 3 | 4 | 5 | 6 | 7 | 8 |

Was ist richtig? Kreuze an.

Hund – Bär – Katze ○
Hund – Katze – Maus ○
Maus – Hund – Vogel ○

ein Stiefel – ein Stuhl ○
ein Stiefel – zwei Stühle ○
zwei Stiefel – ein Stuhl ○

36 Wörter eintragen, Lösungswort schreiben.
Zum Bild passenden Begriff ankreuzen.

Abschreibkurs

Diese Wörter finde ich schwierig:

Mein Abschreibtext:

Ich habe ☐ Wörter richtig geschrieben!

Das war …

sehr schwierig   schwierig   mittelleicht   leicht   superleicht

Schwierige Wörter aus dem Text aufschreiben; Text abschreiben und kontrollieren, Schwierigkeitsgrad einschätzen.

Ch ch

Ch

ch

 Markiere in der Wörterliste alle Wörter mit Ch oder ch.

Taucher

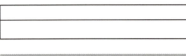

 Suche in der Wörterliste ein Gerät zum Tauchen mit ch.

A	die	Ameise
B	der	Bauch
	das	Buch
C	die	Creme
Ch	die	Chinesin
D	der	Drachen
E	das	Echo
F	der	Frosch
G	die	Geschichte
H	die	Hand
I	das	Iglu
J	das	Jahr
K	die	Kerze
L	die	Lupe
M	die	Milch
N	die	Nase
O	der	Ofen
P	die	Pyramide
Qu	die	Qualle
R	der	Ring
S	der	Saft
Sch	der	Schnorchel
T	der	Taucher
U	der	Umschlag
V	die	Villa
W	die	Woche
X	die	X-Beine
Y	die	Yacht
Z	der	Zwerg

38 Ch/ch schreiben; Wörter zum Bild in der Wörterliste markieren, abschreiben, Silbenbögen eintragen. Wort in der Wörterliste suchen und schreiben.

Ch ch

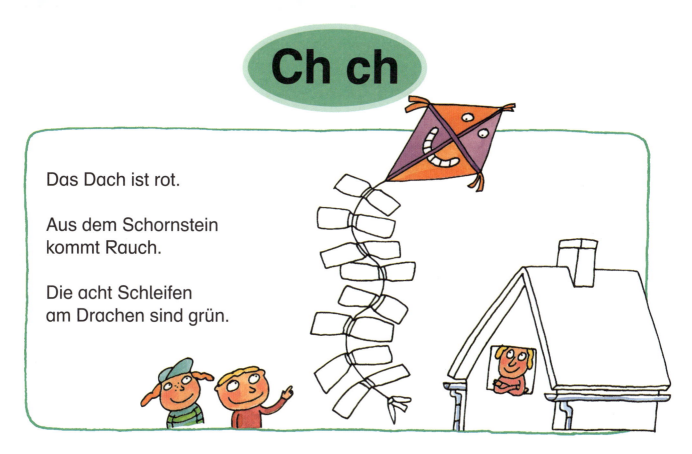

Das Dach ist rot.

Aus dem Schornstein kommt Rauch.

Die acht Schleifen am Drachen sind grün.

In welchem Buch findest du Kochrezepte?

In welchem Buch findest du Witze?

In welchem Buch findest du Schneewittchen?

Für Expertinnen und Experten

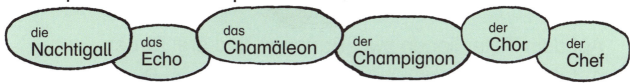

die Nachtigall — das Echo — das Chamäleon — der Champignon — der Chor — der Chef

- Suche dir ein Wort aus.
- Finde heraus, was es bedeutet. Schreibe dazu.

Schau genau!

Lösungswort:

Was ist richtig? Kreuze an.

Auf dem Teller liegen zwei Bananen und drei Birnen. ◯
Auf dem Teller liegen zwei Bananen und zwei Birnen. ◯
Auf dem Teller liegen drei Bananen und drei Birnen. ◯

40 Wörter eintragen, Lösungswort schreiben.
Zum Bild passenden Begriff ankreuzen.

Abschreibkurs

Diese Wörter finde ich schwierig:

Mein Abschreibtext:

Ich habe ☐ Wörter richtig geschrieben!

Das war …

sehr schwierig   schwierig   mittelleicht   leicht   superleicht

Schwierige Wörter aus dem Text aufschreiben; Text abschreiben und kontrollieren, Schwierigkeitsgrad einschätzen.

Meine Lieblingswörter

	Ei ei	
	Eu eu	O o
A a	F f	Ö ö
Ä ä	G g	P p
Au au	H h	Pf pf
B b	I i	Qu qu
C c	J j	R r
Ch ch	K k	S s
D d	L l	Sch sch
E e	M m	Sp sp
	N n	St st

42   In jedes Feld ein Lieblingswort schreiben.
(Buchstaben-/-verbindungen können im Anlaut oder Inlaut verwendet werden.)

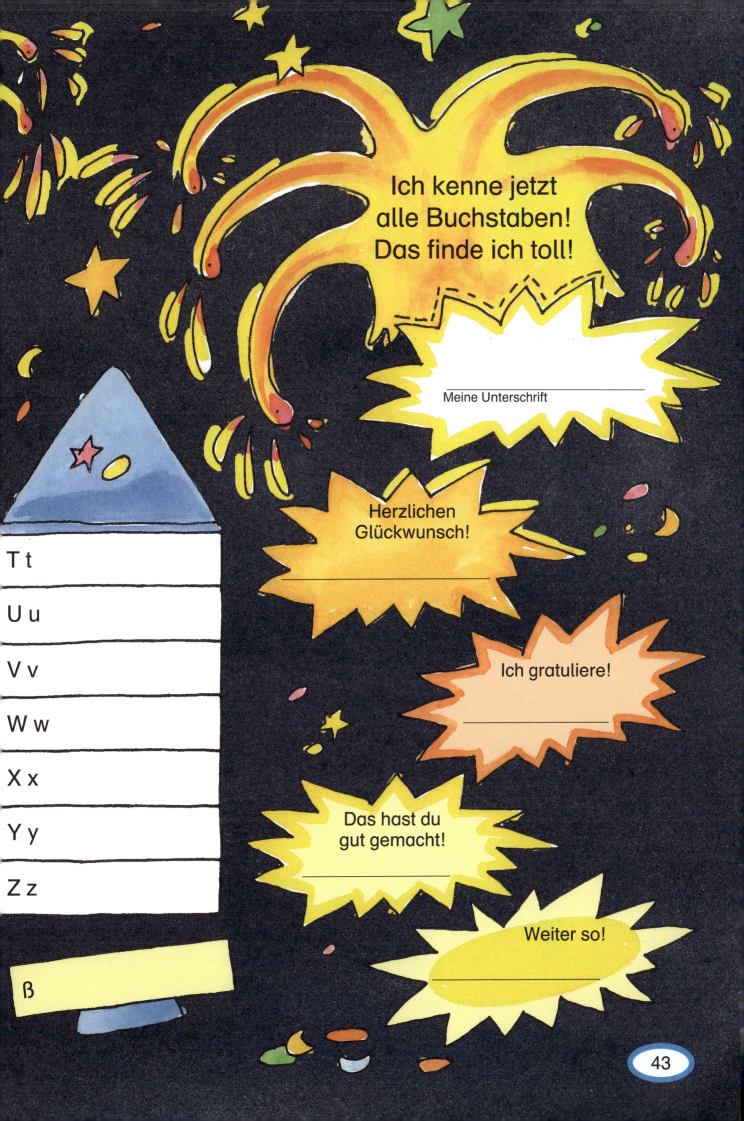

Wohin will das Kind? Male weiter.

Welche Wörter passen zu deinem Bild? Schreibe sie auf.
Du kannst auch eine Geschichte schreiben.

44   Ein angefangenes Bild zu Ende malen, Wörter oder eine Geschichte dazu schreiben.

Was hat der Affe entdeckt? Male weiter.

Welche Wörter passen zu deinem Bild? Schreibe sie auf.
Du kannst auch eine Geschichte schreiben.

Ein angefangenes Bild zu Ende malen, Wörter oder eine Geschichte dazu schreiben.

Wovon träumt das Kind? Male weiter.

◼ Welche Wörter passen zu deinem Bild? Schreibe sie auf.
Du kannst auch eine Geschichte schreiben.

46 Ein angefangenes Bild zu Ende malen, Wörter oder eine Geschichte dazu schreiben.

Eine Überraschung! Male weiter.

◼ Welche Wörter passen zu deinem Bild? Schreibe sie auf.
Du kannst auch eine Geschichte schreiben.

Ein angefangenes Bild zu Ende malen, Wörter oder eine Geschichte dazu schreiben.

47

Ich weiß, was ich kann!   ja   nein

Ich kann Laute aus Wörtern heraushören.

Ich kenne alle Buchstaben.

Ich kann lesen.

Ich finde Wörter in der Wörterliste.

Ich kann Wörter abschreiben.

Ich kann nachprüfen, ob ich Wörter richtig geschrieben habe.

Das mache ich gern!   ja   nein

Ich schreibe gern einen Text ab.

Ich schreibe gern eine Geschichte.

Ich lese gern.

Ich löse gern Rätsel

_____

_____

Unterschrift: _____

48